Golo Mann

Über Rückert, einen der liebenswertesten
unter den deutschen Dichtern

RÜCKERT ZU EHREN

EINE SCHRIFTREIHE
DER RÜCKERT-GESELLSCHAFT

BAND II

ERGON VERLAG

Golo Mann

Über Rückert,
einen der liebenswertesten
unter den deutschen Dichtern

―――――――――

ERGON VERLAG

Bibliografische Information der Deutschen Nationalbibliothek
Die Deutsche Nationalbibliothek verzeichnet diese Publikation in der
Deutschen Nationalbibliografie; detaillierte bibliografische Daten sind
im Internet über http://dnb.d-nb.de abrufbar.

© Ergon – ein Verlag in der Nomos Verlagsgesellschaft, Baden-Baden
3., durchgesehene Auflage 2018
Das Werk einschließlich aller seiner Teile ist urheberrechtlich geschützt.
Jede Verwertung außerhalb des Urheberrechtsgesetzes bedarf der Zustimmung des Verlages.
Das gilt insbesondere für Vervielfältigungen jeder Art, Übersetzungen, Mikroverfilmungen
und für Einspeicherungen in elektronische Systeme.
Gedruckt auf alterungsbeständigem Papier.
Satz: Thomas Breier
Umschlaggestaltung: Jan von Hugo

www.ergon-verlag.de

ISBN 978-3-95650-487-7 (Print)
ISBN 978-3-95650-488-4 (ePDF)
ISSN 0933-9094

Golo Mann
Über Rückert, einen der liebenswertesten unter den deutschen Dichtern

Vorwort zur zweiten Auflage

Die Teilnehmer an der Festveranstaltung vom 14. Mai 1988 im großen Theatersaal Schweinfurts, die den Höhepunkt der dem 200. Geburtstag Friedrich Rückerts gewidmeten Feiern, Lesungen, Konzerte und Vortragsveranstaltungen darstellte, denken gerne an jenen Festvortrag zurück, in dem sich der Historiker Golo Mann als einfühlsamer und liebevoller Kenner der Rückert'schen Dichtung zeigte. Die technischen Mängel, die seinerzeit die Verständigung zwischen Vortragendem und seinen Zuhörern beeinträchtigten, waren bald vergessen, nachdem der Text des Vortrags im Druck erschienen war.

Golo Mann, der heute nicht mehr unter den Lebenden weilt, gehört einer Generation an, für die Rückert noch ein selbstverständlicher und lebendiger Teil ihres literarischen Besitzes war. Aus dieser selbstverständlichen Vertrautheit mit Rückerts Dichtung verstand er es, eine Brücke zu schlagen zwischen Friedrich Rückert und dem so ganz und gar gewandelten Verhältnis der heutigen Generation zur deutschen Literatur, insbesondere zur Dichtung. Rückert hatte dem Denken und Fühlen des 19. Jahrhunderts in Deutschland einen so vollendeten Ausdruck verliehen, daß der einst viel gekannte und gesungene Dichter den Menschen der heutigen Zeit so fremd geworden ist wie jenes 19. Jahrhundert überhaupt. Bei Rückert finden wir aber noch eine andere Seite, die nicht so leicht zu entdecken ist, weil sie mit leiseren, weniger aufdringlichen Tönen anklingt: Er will den deutschen Geist aus seiner Enge befreien und mit der Welt versöhnen, er will die deutsche Poesie der Welt öffnen und zur Weltpoesie emporheben. Dieser Klang ertönt bei ihm am deutlichsten in seiner poetischen Anverwandlung orientalischer Dichtungen, aber nicht nur da. Golo Mann geht dem Weltbürger in Rückert in seiner ihm ganz eigenen Weise nach.

Die Bekanntheit des Namens des Autors ist sicher nicht der einzige Grund, warum immer wieder nach dem Text der damaligen Rede „Über Rückert, einen der liebenswertesten unter den deutschen Dichtern" gefragt wird, nachdem das kleine Bändchen vergriffen war, mit dem die Rückert-Gesellschaft die Reden und Ansprachen jener Festveranstaltung dokumentiert hatte. Golo Mann gibt in seinem Lobpreis auf den Dichter auch einen Teil seines eigenen Wesens preis und läßt uns Wesenszüge an ihm erkennen, die in seinen anderen Werken kaum aufscheinen.

Die Erstpublikation von Golo Manns Festansprache war als Dokumentation der Festveranstaltung gedacht, sie enthielt auch die Grußworte, wie sie bei solchen Gelegenheiten gehalten werden: das einleitende Grußwort des Bayerischen Kulturministers Hans Zehetmair und die Begrüßungsworte des damaligen Oberbürgermeisters der Stadt Schweinfurt Kurt Petzold. Hans Zehetmair stellte fest, daß der einst mit so vielen Gedichten in den Lesebüchern vertretene Rückert gänzlich aus dem Kanon der bayerischen Schulgedichte verschwunden ist, und gab aus der Sicht des bayerischen Kulturpolitikers dem Gefühl Ausdruck, daß nun eine Wiedergutmachung an Rückert stattfinden müsse. Kurt Petzold hatte in seiner Begrüßung betont, daß die Stadt Schweinfurt in der wissenschaftlichen Aufarbeitung ihrer bedeutenden Rückert-Sammlung eine Aufgabe übernommen habe, die weit über das Jubiläumsjahr hinaus reichen werde. Bei der Neuauflage von Golo Manns Festansprache glaubte der Herausgeber, auf den nochmaligen Abdruck dieser der damaligen Situation verpflichteten Ansprachen verzichten zu können, weil sie als Teil der Dokumentation jener Festveranstaltung gedacht waren. Der Festvortrag Golo Manns soll jetzt als sein Beitrag zum Verständnis Friedrich Rückerts für sich selbst sprechen.

Erlangen, im Juli 1996

Wolfdietrich Fischer

Über Rückert, einen der liebenswertesten unter den deutschen Dichtern

Festansprache zum 200. Geburtstag des Dichters
von Golo Mann

Der Sammler nur solcher Gedichte, die er als vollkommen ansah, Rudolf Borchardt, ein überaus strenger Kenner, hat Rückerts Gedichte seines „Ewigen Vorrats Deutscher Poesie" für Wert gehalten. In seinem Nachwort spricht er von „Rückerts wunderschönen Gestalt". Das meint zweierlei zusammen Passendes: Die Erscheinung des Dichters, die ein schwedischer Freund von ihm, Atterbom, Poet auch er, mit Volker dem Spielmann aus dem Nibelungenlied vergleicht: „Eine vollkommne Riesengestalt, altdeutsche Tracht, langer Schnurrbart, dunkles Haar, das in langen dichten Locken auf die breiten Achseln fiel, die Augenbrauen finster zusammengezogen, die Augen gedankenvoll, bald kindlich milde bald kriegerisch blitzend, es fehle zum Bilde nur der eiserne Fiedelbogen..." – die Person also, so wie andere sie sahen, sie in der Jugend wie im hohen Alter portraitiert haben, und meint ebensosehr das dichterische Werk. Aber so ganz leicht ist unserem Dichter nicht beizukommen. Es liegt dies an der ungeheuren Masse seiner Gedichte, der Übertragungen oder Nachdichtungen aus dem Persischen, Arabischen, dem Sanskrit, wie auch den eigensten: ein riesiger, kaum zu übersehender Garten, einem Wildpark besser vergleichbar als einem französischen, mit unzähligen, leuchtenden Blumen darin, aber mit unzähligen geringeren Blümchen auch. Strenge Germanisten sprechen hier wohl von mangelnder Selbstkritik. Besser spräche man von Überschwang, auch von erstaunlicher Leichtigkeit im Versemachen. Den alten Hermann Hesse hörte Ihr Redner einmal sagen, ein Gedicht am Tage müsse er schon machen, aber leider sei es schier unmöglich, sie in Zeitungen oder Zeitschriften unterzubringen; das wären dreißig Gedichte monatlich. In dem einen Monat November 1833 schrieb Rückert, damals in Erlangen als akademischer Lehrer und Sprachforscher überaus beschäftigt, 73 Gedichte, die unmöglich alle den gleichen Wert haben konnten, ihm aber wohl alle gleich lieb waren, oder er hätte sie nicht drucken lassen.

Rückerts Jugend war eine unstete, die Jugend eines, der spät entdeckte, was die von seinem Genius ihm gestellten Aufgaben seien. Für den Spross einer fränkischen Juristenfamilie lag es nahe, die Rechte zu studieren, was er tat, einmal in Würzburg, dann in Heidelberg, dann nirgendwo, dann wieder in Würzburg, um in Jena mit einer Dissertation zu enden, die mit den Rechten nicht mehr zu tun hatte, sondern eine Verbindung von Philologie und Sprachphilosophie bot. Mit dieser Arbeit erhielt er nicht nur den Doktortitel, sondern auch die Venia legendi. Wirklich liest er während zwei Semestern des Jahres 1812 über Mythologie, über griechische und römische Historiker, über die Kunst der Metrik und anderes mehr. Nach einem Jahr gibt er das Lehren wieder auf, eine Position als Gymnasialprofessor in Hanau, um die sein Vater und einflussreiche Freunde sich für ihn bemühen, wird herausgezögert, bis nichts daraus wird. Während des Krieges von 1813–14, dem Befreiungskrieg, schreibt er vaterländisch-kriegerische Gedichte, Spottgedichte auf Napoleon und seine Generale, deren Geschmack man dem Einzelnen überlassen muß, und die Reihe der „Geharnischten Sonette", welche stärker sind. Jedoch war Rückert einer, der sich selber häufig korrigierte, sich widersprach, seine Urteile veränderte, also recht wohl imstande war, auch an sich selber Kritik zu üben. So schreibt er zwanzig Jahre nach jenen Spottgedichten auf Napoleon an den Philosophen Schelling in München einen Brief in Prosa, aber mit Versen geschmückt, von denen vier folgendermaßen lauten:

Oder wär' ich ein Franzose,
Wollt' ich jetzt den Großen feiern,
Den ich selbst, der ahnungslose,
Einst verschrie mit andern Schreiern.

Er brauchte Zeit zu reifen, und indem eine Epoche zurücktritt, zur Geschichte wird, wandeln sich die Perspektiven. Derselben Epoche gehören gereimte Erzählungen an, die er für sein jüngstes Schwesterchen schrieb: „Vom Bäumlein, das andere Blätter hat gewollt", „Das Männlein in der Gans" und andere mehr. Sie fanden sich zu Angang unseres Jahrhunderts noch in den Fibeln, mit deren Hilfe Kinder in bayerischen Volks- und Elementarschulen die deutsche Sprache erlernten; Ihr Redner, der 1915–18 eine solche Schule besuchte, könnte, dreiundsiebzig Jahre danach, noch einige Verse daraus deklamieren. Rückert besaß hellen Sinn für Kinder im frühesten Alter, wie er dies später als Vater bewies. Der aber so freundlich dichten konnte und so kriegerisch-patriotisch, war zur gleichen Zeit seiner Zukunft so ungewiss, daß er einem in der Tat sehr düsteren Gedicht den Titel „Aus der Brieftasche eines Verzweifelten" geben konnte.

> Hast du nicht genug gelitten?
> Hast du dich nicht müd gestritten,
> Armes Herz, was willst du mehr?
> Ferne Lebensquellen rauschen,
> Willst du noch betörend lauschen?
> Sieh, dein eigener Quell ist leer.

Es war denn also, dafür gibt es Symptome jetzt und später nur zu viele, etwas von einem Hypochonder in diesem großartig begabten Geist, er bekämpfte es, ohne es doch endgültig los zu werden. 1816–17 finden wir ihn als Mitglied der Redaktion des Cotta'schen „Morgenblattes" in Stuttgart; interessante Bekanntschaften, so mit Uhland, eine Freundschaft, die in langjähriger Unfreundschaft endet, Verwicklungen in württembergische Politik, die Regierung mit Ausnahme seines Gönners, des Kultusministers von Wagenheim, traut dem jungen Manne in altdeutscher Tracht nicht. Für einmal keine Geldsorgen. Nach Stuttgart die Schweiz und Italien, zu einem guten Teil zu Fuß, im Jahre 18. Wieder interessante Bekanntschaften, aus denen ein paar lebenslange Freundschaften entstehen, wieder allerlei Poetisches über Städte, Kirchen, Landschaften. Ein Erlebnis, wie Italien für Goethe war, keineswegs. Ein Jahr und dann nie wieder. Der Süden ist hart, der Norden milde, am mildesten, am reichsten und fruchtbarsten Rückerts Frankenland in der Mitte Deutschlands und Europas. Dort wollte er nun bleiben und tat es auch mit einer biographisch wenig gewichtigen Ausnahme. Die Rückreise, Rückwanderung von Italien nach Deutschland nahm er über Wien. Und dort geschah dem nun Dreißigjährigen das entscheidende Erlebnis: seine Begegnung mit Joseph Hammer-Purgstall, kaiserlichem Hofrat und Dolmetscher, einem der führenden europäischen Orientalisten seiner Zeit. Es war wie ein zündender Blitz, gefolgt von einem nie mehr erlöschenden Feuer. Rückert muß Hammer-Purgstall von seinem Ernst überzeugt haben; anderenfalls hätte er ihm nicht, neben manchem Gedruckten, ein kostbarstes Manuskript leihweise überlassen; das Schah-Name, zu deutsch „Königsbuch", des iranischen Dichters Firdusi. Es ist das Werk, das Heinrich Heine, in einer seiner schönsten Balladen beschreibt:

Riesenteppich, so der Dichter
Wunderbar hineingewebt
Seiner Heimat Fabelchronik.
Farsistans uralte Kön'ge.
Lieblingshelden seines Volkes,
Rittertaten, Aventüren,
Zauberwesen und Dämonen,
Keck umrankt von Märchenblumen.

Alles blühend und lebendig,
Farbenglänzend, blühend, brennend
Und wie himmlisch angestrahlt
Von dem heiligen Lichte Irans.
Von dem göttlich reinen Urlicht,
Dessen letzter Feuertempel,
Trotz dem Koran und dem Mufti,
In des Dichters Herzen flammte.

Als vollendet war das Lied
Überschickte seinem Gönner
Der Poet das Manuskript
Zweimal hunderttausend Verse ...

Nun, ganze zweihunderttausend waren es nicht, aber doch etwa einhundertzwanzigtausend. Das Manuskript – unverkäuflich natürlich, es kursierten einige wenige Exemplare – völlig abzuschreiben, wie Rückert es unternahm, um sein eigenes Persisch daran zu bilden, später auch einiges zu übersetzen, zeigt, mit welch freudigem Mut, welcher Gier er sich in sein endlich gefundenes Gelehrten- und Forscherleben warf. An Hammer-Purgstall schreibt er im Herbst 1819: „Wenn es Ihnen seltsam vorkommt, wie ich kaum an die Schwelle der persischen Sprache trat, gleich zu Dichtern und zwar zu Hafis stürme, der schwer seyn soll: so wissen Sie, daß ich nur auf diese Art des höchsten gespannten Interesses der verfluchten mechanischen Schwierigkeiten eine in alten Tagen zu erlernende neue Sprache mir erträglich machen kann. Mit den prosaischen Stücken in der englischen Grammatik kann ich nichts anfangen…". Das ist Friedrich Rückert: Gleich zum Schwersten und gleich zum Schönsten, das Schöne mach dem Schweren Flügel. Über seine beiden neuen Freundinnen besitzen wir von Rückert ein reizendes Gedicht, von dem ich einige Strophen geben möchte:

Zwei gar verschiedene Schwestern,
Die liebe ich seit gestern;
Und fraget Ihr, wie heißen sie;
Persisch-arabische Poesie,

Neue Liebschaft blendet immer,
Könnt ich sie recht euch malen,
Jede in ihrem eigenen Schimmer,
Wie sie das Herz mir stahlen.

Die Perserin ist ein gesprächiges Kind,
Doch spricht sie nicht mit den Leuten,
Sie läßt sich am liebsten vom Frühlingswind
Die Rätsel der Blumen deuten …

Sie hüllt sich in ihre Düfte,
In ihrer Farben Gewimmel,
Schwingt übers Leben hinweg und seine Grüfte
Sich graden Flugs aus ihrem Garten zum Himmel.

Die bräunliche Araberin
Mit mutigem Blick, mit freudigem Sinn,
Getragen von Rosses Brausen,
Stürzt freudeschauernd sich in des Lebens Grausen.

Die ist überall dabei,
Wo Zeltpfähle man abbricht und steckt,
Bei feindlicher Stämme Kriegsgeschrei,
Und wo Karawanen der Räuber schreckt.

Wo die Flamme gastlich lodert,
Die zu sich den Wandrer fordert:
Unter Bettlern, unter Fürsten,
Unter Lieb- und Rachedürsten ...

Kann man es hübscher sagen?

Aber lernen wollte er, nicht lehren. Später lehrte er, weil er mußte. Je weniger Schüler er hatte, desto lieber war es ihm. Und nun folgte der zweiten orientalischen Sprache die dritte, vierte, fünfte, das Arabische, Syrische, das Äthiopische, das Sanskrit, dies in drei Monaten, die verschiedensten indischen Mundarten, das Türkische, das Finnische und so weiter und so weiter, treu einem Spruch Rückerts:

Mit jeder Sprache mehr,
Die du erlernst, befreist
Du einen bis daher
In dir gefangenen Geist.

Die neu erlernte Sprache dient ihm zum Vergleich mit anderen; und diente ihm in der Schönheit ihrer Autonomie zu Nachdichtungen. Ein solcher Dichter-Gelehrte, einzigartig wie er war, mußte ein Einzelgänger bleiben. Das erste Drittel des 19. Jahrhunderts war eine Epoche der Dichterfreundschaften: Goethe und Schiller zuerst, dann die Romantiker, Kleist und Adam Müller, Brentano und Arnim, Tieck, die Brüder Schlegel, De la Motte Fouqué, ein Kreis von Kreisen. Ihnen schrieb Rückert wohl, wie auch an Chamisso, an E. T. A. Hoffmann, während er, noch nicht Professor und schon Familienvater, des Einkommens wegen als Mitherausgeber eines Nürnberger „Frauenkalenders" fungierte, um Beiträge zu erhalten, aber man kann nicht sagen, daß die Kunst der Angeschriebenen ihn lebhaft interessiert hätte. Von Eichendorff, im gleichen Jahr wie er geboren, nahm er kaum Notiz; als er 1842 seinen Lehrstuhl in Berlin antrat, lebte Eichendorff noch dort, im Kultusministerium tätig, aber wir lesen von keiner Begegnung zwischen den beiden. Von Mörike, sechzehn Jahre jünger als der nun schon oder dennoch berühmte Rückert, erhielt er dessen ersten Gedichtband zugeschickt und antwortete prompt, er freue sich auf die Lektüre; der Absender hat dann leicht den Verdacht, es werde bei der Vorfreude bleiben, wie hier auch der Fall gewesen zu sein scheint. Uhland mochte er nicht, und hier ist eine gewisse Irritation mit im Spiel. Uhlands Popularität im liberalen Deutschland war bis zu seinem Tod und darüber hinaus immens; sie galt dem Sänger von „Ich hatt' einen Kameraden", dem Dichter von „Der König auf dem Turme" oder „Die linden Lüfte sind erwacht"; sie galt ebensosehr dem standfesten Demokraten. Ein liberaler Patriot war Rückert auch; er hoffte auf ein geeintes Deutschland unter preußischer Führung und zeigte wenig Sympathie für seine bayerischen Landesherren, von denen er vier erlebte. Über den bei weitem bedeutendsten unter diesen vier, Ludwig I., schreibt er an seinen Kollegen in Berlin, Professor Franz Bopp: „... unser deutsch-griechisch-italienischer poetischer Künstlerkönig läßt einen armen abgedankten Poeten und nothgedrungenen Orientalisten mit sechs Kindern hungern, wie einen indischen Büßer." – Das ging auf sein allzu bescheidenes Gehalt, welches erfreulich zu erhöhen der König sich erst entschloss, als Rückert schon im Begriff war, Erlangen für immer zu verlassen. Der „nothgedrungene Orientalist" meint natürlich den akademischen Lehrer, nicht den Forscher und Nachdichter freien Willens. Ein Patriot also; energisch nahm er Partei, wie er schon 1813 getan hatte; in Briefen, in Gedichten. So 1848, so 1863–64, als es um die Zukunft von Schleswig-Holstein ging. Ein deutsches Reich wünschte er sich, der geborene Reichsstädter, der in früher Jugend das Heilige Römische Reich Deutscher Nation noch erlebt hatte; ein im wiederhergestellten Reich zugleich führendes und aufgehendes Preußen, dem auch das Elsaß wieder zugehören sollte, jedoch nicht die Länder der Habsburger Monarchie. Aber unmöglich bleibt es, sich ihn, wie Uhland, etwa als Redner in der Frankfurter Paulskirche vorzustellen. Er liebte das Land, nicht die große Stadt, die Stille, nicht den Lärm, am wenigsten selbstgefälligen Redelärm. Hohe ausgenommene Begabungen gehen oft mit Leiden und Täuschungen über sich selber Hand in Hand. So glaubte Rückert, mitunter für seine Arbeit Anregungen von außen zu benötigen, wie man sie nur in großen Städten, in München, in Berlin, fand. Da täuschte er sich über sich selber. In Berlin fand er durchaus keine Anregung, in der bescheidenen Universitätsstadt Erlangen schon mehr, am glücklichsten und so auch am produktivsten war er in der Stille seines Landgutes. Im Grunde wußte er das auch. Keineswegs fühlte er sich wohl im Kreise von Berühmtheiten; da kam nie viel dabei heraus. An seine Braut schreibt er nach einem Abend in Erlangen mit akademischen Koryphäen, Schelling unter ihnen: „Liebe Luise! soll ich dir gestehen, daß es mir unter den ernsten gelehrten Leuten ganz peinlich zu Mute war? Ich fühlte, daß ich sie ebenso wenig interessierte, als sie mich. Ich wünschte aus Herzensgrund, bei Dir zu sein, nur bei Dir ganz allein, und von der ganzen Welt, vorzüglich aber der gelehrten, gar keine Notiz nehmen zu müssen." Die Freunde seiner frühen Jugend waren ihm lieber. Wohl fühlte er sich auch auf der Bettenburg in Unterfranken, dem Besitz des Freiherrn von Truchseß, in dessen Dienst sein Vater als Justizbeamter gewaltet hatte. Daß der Freiherr den damals noch unverheirateten Rückert gern und häufig als Logierbesuch sah, spricht für sein Qualitätsgefühl; im ersten Drittel des 19. Jahrhunderts war die gesellschaftliche Grenze zwischen Adel und Bürgertum noch eine nicht leicht zu überschreitende.

Für Rückerts stets offene Ansichten und Gefühle noch ein anderes Beispiel. Ein deutscher Patriot war und blieb er. Als solcher hätte er nun eigentlich Schiller weit über Goethe stellen müssen. Goethes, des Weltbürgers, des Fürstendieners Ruhm ging nach seinem Tod durch eine langdauernde Eklipse; über Faust, Zweiter Teil, machten Kritiker sich lustig. Dagegen stieg Schillers Stern immer höher; eine die Nation integrierende Figur. Sein Centenarium, 1859, wurde als nationales Fest begangen, beinahe schon etwas wie ein Vorspiel zur Reichsgründung von 1871. Goethes hundertster, zehn Jahre früher, wurde kaum beachtet. Aber entschieden nahm Rückert für ihn Partei. An einen Münchner Literaturkritiker schreibt er anno 35: „Geben Sie uns nur bald eine gründliche Würdigung Klopstock's und ebenso Goethes, dessen Gegensatz zu Schiller Sie mir so zu Dank gefasst haben. Es tut jetzt fast not, sich unseres größten Dichters anzunehmen, nicht bloß für die Halbgebildeten, die immer an Schiller hängen bleiben werden, sondern auch für die Eingeweihten oder Einzuweihenden…". Auch beklagte er in diesem Brief, daß Chamisso geradezu vergessen sei. Selber sich zu keiner Schule zählend, nicht zur romantischen, nicht zum „Jugend-Deutschland", war Rückert frei in seinem Urteil und urteilte er je nach der Gelegenheit; ein Einzelgänger auch hier. Ein Einzelgänger auch buchstäblich: Er liebte die einsamen Fußwanderungen. Ein Ghasel in Miniatur lautet:

> Die Stern ob mir, sie gehn am Himmel heiter hin,
> Stell um mein Lager, Herr! die lichten Streiter hin!
> Und soll ich auf dem harten Stein wie Jakob ruhn,
> So stell in meinem Traum auch Jakobs Leiter hin.

Wer weiß, vielleicht hat er wirklich einmal eine Sommernacht im Freien verbracht.

Einen einzigen Freund besaß er unter den deutschen Dichtern und den nicht für lange, denn er verschwand bald nach Italien, wo er, in Syrakus mit 39 Jahren starb, August von Platen. Es war eine sachbezogene Freundschaft zwischen Rückert und dem Jüngeren; ihr

Briefwechsel trägt wissenschaftlichen Charakter. Auch Platen lernte das Persische und rühmte sich, das Ghasel in die deutsche Dichtkunst eingeführt zu haben, was so genau nicht zutraf. Rückert war ihm zuvorgekommen, wie er den Freund tadelnd wissen ließ. Das Ghasel: ursprünglich arabisch, von Persern und anderen orientalischen Dichtern übernommen, und dann von deutschen. Es hat nur einen Reim, dem die beiden ersten Zeilen sich fügen, von da ab die geraden, aber nicht die ungeraden Zahlen. Die Kunst ist, genügend gleichauslautende Worte zu finden, so wie das Gedicht sie als Sinngebilde braucht. Rückerts lyrisches Werk, zumal seine Nachdichtungen, ist ohne das Ghasel gar nicht zu denken. Schon in dem Jahr, das seinem zündenden Wiener Erlebnis folgte, dem Jahr 19, zeigt er sich als Meister des Ghasels und Meister in der persischen Sprache. Seine ersten Nachdichtungen galten Dschelaleddin Rumi, dem persischen Mystiker des 13. Jahrhunderts. Hier einige Proben:

> Ich sah empor, und sah in allen Räumen Eines;
> Hinab ins Meer und sah in allen Wellenschäumen Eines.
> Ich sah ins Herz, es war ein Raum der Welten,
> Voll tausend Träum, ich sah in allen Träumen Eines.
> Du bis das Erste, Letzte, Äußre, Innre, Ganze,
> Es strahlt dein Licht in allen Farbensäumen Eines …
> Luft, Feuer, Erd und Wasser sind in Eins verschmolzen
> In deiner Furcht, daß dir nicht wagt zu bäumen Eines.
> Der Herzen alles Lebens zwischen Erd und Himmel
> Anbetung dir zu schlagen soll nicht säumen Eines!

Ein anderes:

> Schall o Trommel, Hall o Flöte! Allah hu!
> Wall im Tanze, Morgenröte! Allah hu!
> Lichtseel im Planetenwirbel, Sonn vom
> Herrn im Mittelpunkt erhöhte, Allah hu!
> Herzen, Welten, Eure Tänze stockten wenn
> Lieb im Zentrum nicht geböte. Allah hu!
> Unseres Liebereigens Leiter reicht hinauf
> Über Sonn und Morgenröte, Allah hu!

Rausche Meer, am Feld im Sturme, Gottes Preis,
Nachtigall, um Rosen flöte, Allah hu!
Seele, willst ein Stern dich schwingen um dich selb,
Wirf von dir des Lebens Nöte. Allah hu!
Wer die Kraft des Reigens kennet, lebt in Gott,
Denn er weiß, wie Liebe tötet. Allah hu!

Ein drittes:

>Wohl endet Tod des Lebens Not.
>Doch schauert Leben vor dem Tod.
>Das Leben sieht die dunkle Hand,
>Den hellen Kelch nicht, den sie bot.
>So schauert vor der Lieb ein Herz,
>Als wie von Untergang bedroht,
>Denn wo die Lieb erwachet, stirbt
>Das Ich, der dunkle Despot.
>Du laß ihn sterben in der Nacht,
>Und atme frei im Morgenrot.

Ein anderes:

>Die hin zur Kaaba pilgern gehn,
>Wenn nun an ihrem Ziel sie stehn,
>In einem Thale ohne Saat,
>Ein altes Haus von Stein sie sehn.
>Sie gingen hin, um Gott zu schaun,-
>Und nun ums Haus im Kreis sich drehn.
>Wenn sie sich lange so gedreht,
>So hören sie die Stimme wehn:
>Was, Thoren, ruft ihr an den Stein?
>Wer wird von Steine Brot erflehn?
>Wenn ihr den Tempel Gottes sucht,
>In eurem Herzen tragt ihr den,
>Wohl dem, der bei sich selbst kehrt ein,
>Statt pilgernd Würsten durch zu gehn.

Verwandten Geistes ist das vorhergehende Ghasel, von dem ich nur noch den Anfang gebe:

> Die Liebe rief vom Himmelsthor:
> Wer ist, der schaut zu Gott empor?
> Wir sind, die schaun empor zu Gott,
> Rief zu der Lieb ein Priesterchor.
> Die Liebe rief: Wie könnt ihr schaun?
> Vor eurem Antlitz hängt ein Flor.
> Ein Flor, gewebt aus Gier und Haß,
> Durch den das Licht den Schein verlor ...

Soviel aus einundsiebzig Ghaselen Dschelaleddins, die Rückert frei übertrug, vielmehr nachdichtete, im Laufe des Jahres 19. Es war das Jahr, in dem Goethes Westöstlicher Divan erschien, auch er durch Übertragungen Hammer-Purgstalls angeregt. Aber durchaus unabhängig davon begann Rückert sein Werk. Er sandte ihm diesen Spruch voraus:

> Die neue Form, die ich zuerst in deinen Garten pflanze,
> O Deutschland, wird nicht übel stehn in deinem reichen Kranze
> Nach meinem Vorgang mag sich nun mit Glück versuchen mancher,
> So gut im persischen Ghasel, wie sonst in welscher Stanze.

Nur wenige haben es versucht, zum Beispiel Gottfried Keller; aber er konnte die von Rückert und Platen mit einem Schlag erreichte Höhe nicht gewinnen, Kellers ergreifendste Gedichte muß man anderswo suchen. Strenge Germanisten haben gegen das Ghasel eingewandt, es sei eine gekünstelte Spielerei. Ja, gut, aber dann wäre das Sonett ein Gleiches, obwohl es nicht im Orient sondern im italienischen Mittelalter entstand. Aber was wäre die europäische, die deutsche, noch vielmehr die englische, die spanische Dichtung, und diese noch im 20. Jahrhundert, ohne das Sonett? Alle Kunst ist Spiel, so sah es der Philosoph Friedrich Schiller. Selbst gegen die schlichtesten Knittelverse könnte man einwenden: warum sagst du es nicht, wie dir der Schnabel gewachsen ist?

Kommen wir noch einmal auf Rückert und Platen zurück. Beide glaubten, nicht bloß Lyriker, auch Dramatiker zu sein, worin beide sich täuschten. Von Platen wurde wohl gelegentlich etwas aufgeführt, ohne bleibenden Eindruck zu hinterlassen, von Rückerts zahllosen Dramen oder dramatischen Entwürfen nichts. Keine Dramatiker, waren sie auch nicht eigentlich Balladendichter. Die echte Ballade ist ja dem Drama verwandt; das zeigt wiederum Schiller am schönsten in seinen „Kraniche des Ibykus". Hier haben wir ein hohes Lied auf die Macht des Theaters, welche die Mörder des frommen Dichters entlarven hilft, und wir haben gleichzeitig ein stärkstens dramatisch aufgebautes Gedicht. Keine Dramatiker, waren Rückert und Platen auch nicht eigentlich Balladendichter. Von Platen haben nur drei Ballenden sich durchgesetzt, in dem Sinn, daß sie in Anthologien oder, in versunkenen Zeiten, in Schul-Lesebüchern aufgenommen wurden. „Der Pilgrim von Sankt Just" ist nicht nur historisch grundfalsch, sondern auch in sich schwach. „Das Grab im Busento" hat Stimmung. Eine klassische Ballade dagegen ist „Harmosan".

> Schon war gesunken in den Staub
> Der Sassaniden alter Thron,
> Es plündert musleminen Hand
> Das schätzereiche Ktesiphon;
> Schon langt am Oxus Omar an

und so fort ...

Es ist die Geschichte des kühnen Harmosan, der bis zuletzt im Gebirge gegen den überlegenen islamischen Feind gekämpft, aber doch auch erliegt und in Fesseln vor den Kalifen Omar geführt wird. Wissend, daß er sterben muß, hat er nur eine einzige Bitte: um einen Becher Wein, drei Tage lang habe er ohne Trunk gefochten. Der Wein wird ihm gebracht, er zögert ihn zu trinken, er könnte vergiftet sein.

> Was zagst du, ruft der Saracen,
> Nie täuscht ein Moslem seinen Gast,
> Nicht eher sollst du sterben, Freund,
> Als bis du dies getrunken hast.

Da greift der Perser nach dem Glas
Und statt zu trinken schleudert hart
Zu Boden er's auf einen Stein
Mit rascher Geistesgegenwart ...

Omar hält sein Wort; Harmosan darf leben. Zufällig stieß auch Rückert in seinen persischen Studien auf Harmosan; ein Gedicht in dem Band „Erbauliches und Beschauliches aus dem Morgenland" handelt davon, hat aber nicht die geballte Kraft von Platens Erzählung. Das Genie Rückerts war ungleich glücklicher und reicher als die Talente Platens. Der konnte nur eines vor ihm voraus haben: die strenge, überaus ehrgeizige Sparsamkeit.

Thematisch von fern mit Harmosan vergleichbar, ist eine Nachdichtung Rückerts, auch im „Beschaulichen und Erbaulichen" zu finden. Aber diese Geschichte hat Humor anstelle von feierlichem Ernst:

Das Begnadigungsrecht.

Vor Harun Alraschid floh ein Empörer,
Und einen Hauptmann sandt er, ihn zu fangen;
Als er mit ihm in Banden kam gegangen
Sprach zornentbrannt der König zum Verschwörer:

Was meinst du nun, daß ich dir thue? Er sprach:
Was selber du, was Gott dir thue, meinest,
Wenn du vor ihm, wie ich vor dir, erscheinest.
Zu Boden sah der Fürst und dachte nach.

Dann blickt' er auf und winkte: Laßt ihn laufen!
Er lief. Da sagte, der ihn hergebracht:
Erst hast du aufgeboten Geld und Macht,
Nun gnüget ihm ein Wort, sich loszukaufen.

Wer steht dafür, o Herr, daß nicht wie er
Sich gleichen Frevels andre auch erkecken,
Um gleich Huld und Großmut auch zu schmecken?
Der Fürst rief zornig: Bringt ihn wieder her!

Er ward gebracht, und was sich zugetragen,
Erriet er schnell, und so sprach er gefaßt:
O Herr der Gnaden, was zu thun du hast
Das thu' für dich, ohn andre drum zu fragen.

Denn hätte Gott erst andere befragt,
Nie hätt' er Thron und Krone dir verliehen.
Da sprach der Fürst mit Lachen: Laßt ihn ziehn.
Und daß ihr mir von ihm kein Wort mehr sagt.

Auch von Rückert, dem originalen Dichter – im Gegensatz zu Nachdichtungen im Stil von „Das Begnadigungsrecht" – wird man nur drei balladenartige Gedichte in den einschlägigen Anthologien finden. Zwei stammen aus der Frühzeit, dem selben Jahre 12, in dem er sich unglücklich, so ratlos fühlte, ohne es doch jederzeit zu sein. Beide handeln von dem versunkenen Dorf, Abermansdorf. Den sagenhaften Ort muß man sich, das geht aus dem „Fehlenden Schöpen" – hervor, nahe Ebern vorstellen, der unterfränkischen Stadt, in der Rückerts Eltern, so auch er, lange Jahre verbrachten. Dem „Fehlenden Schöpen" fehlt das dramatische Element keineswegs. „Das versunkene Dorf" ist kontemplativ und auf das schönste gelungen. Auch ist es ein frühes Beispiel für Rückerts Freude am Reimen. Etwa:

Kein Malzeichen ist blieben,
Kein Trumm und keine Spur,
Von den Häusern kein Gebälke,
Von den Mauern kein Gekälke,
S'ist ebene Wiesenflur.

Die letzte Strophe klingt bitter:

> Wohl hat es auf der Erde
> Das Böse weit gebracht.
> Wenn sie wollt' alle Schande
> verschlingen, wer im Lande
> Wär' sicher bis Mitternacht?

Die viel spätere Ballade „Chidher" verdankt Rückert wieder dem Dschelaleddin, wie aus einem Gedicht in der Sammlung „Östlicher Rosen" hervorgeht. Chidher ist, nicht ohne härteste Prüfungen, zu der Quelle vorgedrungen, die ewig jung hält, bis zum jüngsten Tag. Die Stimmung der Ballade ist nicht eigentlich pessimistisch, aber, wie „Das versunkene Dorf", stark befremdet vom Treiben der Menschen. Sie lautet:

> Chidher, der ewig junge, sprach:
> Ich fuhr an einer Stadt vorbei,
> Ein Mann im Garten Früchte brach:
> Ich fragte, seit wann die Stadt hier sei?
> Er sprach und pflückte die Früchte fort:
> Die Stadt steht ewig an diesem Ort,
> Und wird stehen ewig fort.
> Und aber nach fünfhundert Jahren
> Kam ich desselbigen Wegs gefahren.

> Da fand ich keine Spur der Stadt:
> Ein einsamer Schäfer blies die Schalmei.
> Die Herde weidete Laub und Blatt:
> Ich fragte: wie lang' ist die Stadt vorbei?
> Er sprach, und blies auf dem Rohre fort:
> Das eine wächst, wenn das andre dorrt:
> Das ist mein ewiger Weideort.
> Und aber nach fünfhundert Jahren
> Kam ich desselbigen Wegs gefahren.

Da fand ich ein Meer, das Wellen schlug,
Ein Schiffer warf die Netze frei,
Und als er ruhte vom schweren Zug,
Fragt' ich, seit wann das Meer hier sei?
Er sprach, und lachte ob meinem Wort:
Solang' als schäumen die Wellen dort,
Fischt man und fischt man an diesem Port.
Und aber nach fünfhundert Jahren
Kam ich desselbigen Wegs gefahren.

Da fand ich einen waldigen Raum,
Und einen Mann in der Siedelei,
Er fällte mit der Axt einen Baum:
Ich fragte, wie alt der Wald hier sei?
Er sprach: Der Wald ist ein ewiger Hort:
Schon ewig wohn' ich an diesem Ort,
Und ewig wachsen die Bäume' hier fort.
Und aber nach fünfhundert Jahren,
Kam ich desselbigen Wegs gefahren.

Da fand ich eine Stadt, und laut
Erschallte der Markt von Volksgeschrei.
Ich fragte: Seit wann ist die Stadt erbaut?
Wohin ist Wald und Meer und Schalmei?
Sie schrien, und hörten nicht mein Wort.
So ging es ewig an diesem Ort,
Und wird so gehen ewig fort.
Und aber nach fünfhundert Jahren
Will ich desselbigen Weges fahren.

Müßte Ihr Redner die ihm liebsten sechs oder zwölf Rückert-Gedichte nennen, so würde er gewiss Chidher mit hineinnehmen; bei dreien müßte er die Antwort schuldig bleiben.

Den Dichtungen nach Dschelaleddin folgte schon im nächsten Jahre, 19–20, die „Östliche Rosen" genannte Sammlung, welche Goethe, genauer Goethes vom Vorjahr erschienenem „West-östlichen Divan" gewidmet ist. Für den Laien ist es unmöglich, hier zwischen originalen Gedichten Rückerts und Nachdichtungen zu unterscheiden; manchmal kann man es, oder glaubt es zu können, manchmal nicht. Völlig klar ist der Fall nur bei den Strophen des Hafis, weil hier der Name des wein- und liebefreudigen Dichters darüber seht; Hafis zu übertragen war seit Hammer-Purgstall Mode und blieb es noch eine gute Weile. Folgendes Gedicht, eines der kostbarsten Juwelen in Rückerts Schatz, scheint Ihrem Redner original, aber wer kann wissen:

Gräme dich nicht!

Jakob! Dein verlorener Sohn
Kehret wieder,
O gräme dich nicht!

Die Erhörung von Gottes Thron
Steigt hernieder,
O gräme dich nicht!

Dieses traurige Herz wird einst
Ruh' genießen,
O sei nicht betrübt!
Jede Träne, welche du weinst,
Wird zerfließen,
O gräme dich nicht!

Wann zur harrenden Erdenbraut
Mit Liebkosen
Der Frühling kehrt,
Wird der Nachtigall Nest gebaut
Unter Rosen,
O gräme dich nicht!

Wenn des Himmels kreisendes Rad
Dir zu Zeiten
Nicht geht nach Lust,

Denk, nothwendig ein Kreislauf hat
Ungleichheiten,
O gräme dich nicht!

Daß du der Sterne heimliches Thun
Siehst nicht freier,
O hadre du nicht!
Weltgeheimnisse wollen ruhn
Unterm Schleier,
O gräme dich nicht!

Wenn der Sturm des Verderbens braust
Über's Gemäuer
Irdischer Lust,
Du, von der Arche des Herrn behaust,
Trau' dem Steuer,
O gräme dich nicht!

Zwar bedenklich ist unser Gang,
Wo wir uns wenden,
Kein Ziel zu sehn;
Aber ein jeder Weg, wie lang,
Muß einst enden,
O gräme dich nicht!

Vor langer Zeit besaß Ihr Redner eine Anthologie deutscher Lyrik, in welcher das Gedicht hier endete. Bis dahin könnte es spontan deutsch sein. Die beiden nachfolgenden Strophen aber nicht. Ich lese nur die letzte:

Und solang' in finsterer Nacht
In Derwischen –
Zellen Hafis
Liest den Koran und Gottes Macht
Preist dazwischen,
O gräme dich nicht!

Vielleicht haben wir es hier mit einer Verbindung von Rückerts Eigenstem mit Übertragenem zu tun. Rätselhafter ist das Gedicht, was im Buch jenem folgt, und was Schubert vertont hat.

> Du bist die Ruh',
> Der Friede mild,
> Die Sehnsucht Du,
> Und was sie stillt.
> Ich weihe dir
> Voll Lust und Schmerz
> Zur Wohnung hier
> Mein Aug und Herz,
> Kehr ein bei mir,
> Und schließe du
> Still hinter dir
> Die Pforten zu.
> Treib andern Schmerz
> Aus dieser Brust!
> Voll sei dies Herz
> Von Deiner Lust.
> Dies Augenzelt
> Von deinem Glanz
> Allein erhellt,
> O füll es ganz.

Hier kann man nur schwer Altpersisches entdecken, eine Rose wohl, aber eine deutsche. Es könnte eines der Gedichte sein, die Rückert demnächst an die Geliebte, seine Braut, seine junge Frau richtete. Für Hafis sind Liebe und Wein wohl die bevorzugten Motive seiner Poesie, aber die Menschenwesen, um die es sich etwa handelt, bleiben unerkennbar. Nur um Typen geht es, den jungen Weinschenk, das bezaubernde Mädchen, nie um diese eine, vor allen anderen erwählte Persönlichkeit. Der Islam, mit dem Rückert uns vertraut macht, ist fromm wohl, aber von einer überaus welt- und lebensfrohen Frömmigkeit, ein wenig im Stil von Luthers:

Wer nicht liebt Wein, Weib und Gesang
Bleibt ein Narr sein Leben lang.

Von dem, was man heute „Fundamentalismus" nennt, keine Spur. Immer wieder die Liebe, immer wieder der Wein, und dann Schelmenstreiche noch und noch.

Diese vor allem in den „Makamen des Hariri", 11. Jahrhundert, auf deren Übertragung Rückert besonders stolz war und denen er eine essayistische Einleitung vorausschickte. Oder nehmen wir ein Stück aus seinen „Sieben Büchern Morgenländischer Sagen und Geschichten", publiziert 1837. Hier gibt es eine Erzählung, die wiederum Borchardt in seinen „Ewigen Vorrat deutscher Poesie" aufnahm. Es geht um Jusuf und Suleicha, ein Paar, entsprechend dem Joseph und der Gattin Potiphars im Ersten Buch Mosis. Aber hier hat die Geschichte ein Happy End. Von ihrem Gatten verstoßen, einsam und fromm in einer Hütte lebend, wird Suleicha mit neuer Jugend und Schönheit belohnt und im Himmel ihre Ehe mit Joseph beschlossen. Und nun ist die Situation umgekehrt, der Bräutigam begieriger als die Braut.

> Ihrer harrt der ungeduld'ge
> Bräutigam im Brautgemache,
> Doch sie beugt die schönen Glieder
> Erst, in Andacht sich versenkend,
> Zum Gebet und macht es lange.
> Joseph spricht: Bist du Suleicha,
> Die Suleicha, deren Inbrunst
> Mir zerriß den Saum des Hemdes?
> „Die Suleicha", spricht Suleicha,
> Bin ich nicht mehr, bin die andre:
> Jene war die Sehnsuchtsreiche,
> und ich bin die Reichersehnte."
> Aber Joseph, der nun alle
> Sehnsucht fühlte, die sie einst fühlte,
> Wie er will zu sich herüber
> Ziehn die säumende, zerreißt er

> Heftig ihr den Saum des Hemdes.
> Gabriel (im Brautgemache
> War er mit dabei) sprach lächelnd:
> „Hemd um Hemde, ausgeglichen
> Ist die Rechnung, und die Sühne
> Gegenseitig. Gott befohlen!"

Frivol ist das nicht, aber überaus heiter, und in ein wie schönes Deutsch übertragen.

Auch Dschelaleddin, der fromme Mystiker ist, wie wir sahen, ein Feind der Priesterkaste und der von ihr dem Laien auferlegten Pflichten; im Herzen der Gläubigen muß Allah leben, nicht in Gebetsmühlen und anderen erzwungenen Formalitäten. Und dies entspricht ungefähr Rückerts eigener Religion; ein Christ durchaus, ein Protestant wohl, aber kein Freund katholischer Riten oder goldenen Kirchenprunks und dem, was man Pantheismus nennt, nicht zu fern.

Der Band „Östliche Rosen" wurde Goethe übersandt, der drin zu lesen geruht und seinem Eckermann gegenüber sich freundlich darüber äußerte: „…Rückert, von welchem Dichter er viel zu halten und die besten Erwartungen zu hegen scheint." Sogar widmete er dem Band eine Rezension, gar zu gründlich nicht, aber sie kam von dem Dichterfürsten: „Und so kann ich Rückerts oben bezeichnete Lieder allen Musikern empfehlen; an diesem Büchlein, zu rechter Stunde aufgeschlagen, wird ihnen gewiß manche Rose, Narzisse, und was sonst sich hinzugesellt, entgegenduften: von blendenden Augen, gefährlichen Grübchen findet sich manches Wünschenswerte…".

Wirklich sind Rückerts Gedichte wohl häufiger in Musik gesetzt worden, als die aller anderen deutschen Poeten: einige Gedichte für sich allein fünfzig oder sechzigmal. Die glanzvolle Reihe der Komponisten zieht sich von Beethoven über Schubert, Schumann, Brahms, Loewe, Kreuzer, Marschner, Reger, G. Mahler, R. Strauß bis zu Stockhausen. Jedoch scheint nicht, daß der Dichter auf diesen klingenden Segen, soweit er ihn noch erlebte, großen Wert gelegt hat. Sein Genius hatte ihn das Geheimnis der Sprache wählen lassen; nicht das Geheimnis der Musik.

Hier ist ein kurzer Blick auf Rückerts weitere Lebensgestaltung zu werfen. Geliebt hatte er viel, wie sollte er nicht, aber in drei ernsten Fällen ohne Glück; Agnes starb, und er widmete ihr einen Kranz von trauernden Sonetten, eine in Italien erfahrene Liebe konnte zu nichts führen, und jene, die er Amaryllis, von lateinisch AMARUS, „bitter", taufte, ließ seine Gefühle unerwidert. Dem haben wir einen Zyklus von siebzig bitteren Sonetten zu danken:

> Amara, bittere, was du tust ist bitter,
> Wie du die Füße rührst, die Arme lenkest,
> Wie du die Augen hebst, wie du sie senkest,
> Die Lippen auftust oder zu, ist bitter.
>
> Ein jeder Gruß ist, den du schenkest, bitter,
> Bitter ein jeder Kuß, den du nicht schenkest,
> Bitter ist, was du sprichst und was du denkest
> Und was du hast und was du bist, ist bitter ...

Unser strenger Kenner, Rudolf Borchardt, urteilt über diese Sonette geradezu begeistert: „Es sind die einzigen durch und durch leidenschaftlichen Liebesgedichte, die der Vorrat deutscher Poesie besitzt, die einzigen ausfluchtlosen, die meinen, was sie sagen, und fast alles sagen, was sie meinen – eine erbitterte Burschenwerbung um ein sprödes Ding – besessen, mit zusammengebissenen Zähnen, rasend und reizend, taub gegen die ganze übrige Welt...". Und dann, im Jahre 21, die Erlösung. Rückert war wieder einmal umgezogen, jetzt nach Coburg, wo er einen guten Jugendfreund wußte, den Arzt Christian Stockmar, später Freiherr von Stockmar, Berater des ersten Königs der Belgier aus dem Hause Coburg, wie auch des Prinzgemahls Albert von England, aus der gleichen Dynastie. In Coburg, nun eingemietet im Hause des Archivrats Fischer, fand er in dessen Stieftochter Luise Wiethaus die langersehnte Erfüllung, die Geliebte, die Braut, die Frau, die Mutter seiner Kinder. Die Trauung fand nach einem Jahr des Werbens statt, Dezember 1821. Dieser durchaus glücklichen Zeit widmete er einen Gedichtzyklus, den er „Liebesfrühling" nannte. Er beginnt mit den folgenden Strophen.

> Du meine Seele, du mein Herz
> Du meine Wonn', o du mein Schmerz,
> Du meine Welt, in der ich lebe,
> Mein Himmel du, darein ich schwebe.
> O du mein Grab, in das hinab
> Ich ewig meinen Kummer gab.
> Du bist die Ruh', du bist der Frieden,
> Du bist vom Himmel mir beschieden.
> Daß du mich liebst, macht mich mir wert
> Dein Blick hat mich vor mir verklärt,
> Du hebst mich liebend über mich,
> Mein guter Geist, mein beßres Ich!

Offenbar sind diese Strophen mit jedem Gedicht in den „Östlichen Rosen", „Du bist die Ruh', der Friede mild…" durchaus im Gleichklang. Rückert hat die Sammlung erst in den dreißiger Jahren als Ganzes veröffentlicht; wieder sieben Jahre später griff das Ehepaar Schumann danach, beginnend mit eben jener Widmung: „Du meine Seele, du mein Herz…". Rückert dankte den Schumanns einmal mehr mit Gereimtem:

> Lang ist's, lang
> Seit ich meinen Liebensfrühling sang,
> Aus Herzensdrang,
> Wie er entsprang,
> Verklang in Einsamkeit der Klang…
> Meine Lieder
> Singt ihr wieder,
> Mein Empfinden
> Klingt ihr wieder
> Mein Gefühl
> Beschwingt ihr wieder

> Mich, wie schön,
> Verjüngt ihr wieder.
> Nehmt meinen Dank, wenn euch die Welt
> wie mir einst ihren vorenthält!
> (Und werdet ihr Dank erlangen,
> So hab ich meinen mitempfangen.)

Die leichte Bitterkeit kann hier nur frühen vereinzelten Publikationen gelten. Die Sammlung als Ganzes hat Rückert den bedeutendsten Erfolg gebracht, sie macht ihn populär, wie die orientalisch inspirierten Gedichte es ja nicht konnten. Hier ist daran zu erinnern, daß die erste Auflage von Goethes „West-Östlichem Divan", zu Ende des neunzehnten Jahrhunderts noch nicht ausverkauft war …

Man hat von Goethe gesagt, es sei ihm leichter gefallen, sich in Rhythmen und Reimen auszudrücken als in Prosa. Wir verstehen, was gemeint ist, obgleich seine gewaltigen Prosawerke, Erzählungen, Romane Reisebeschreibungen, Lebenserinnerungen dagegen sprechen. Für Rückert käme ein solches Urteil der Wahrheit näher, müßte aber gleichfalls Widerspruch hinnehmen. Erzählende Prosa nicht, Essays auch nicht. Aber in Prosa geschriebene Briefe in Menge, die großartige Ausgabe Dr. Rüdiger Rückerts enthält deren elfhundertfünfundsiebzig, und wenn viele kurze und sachliche darunter sind, etwa an Verleger, so fehlt keine Stimmung, wie sie einem produktiven Geist eigen sein kann, Liebe, Freundschaft, schöne und unfrohe Landschaft, guter Rat, lustiger spottender Rat, wissenschaftliche Kritik, Melancholie, Ironie, Zorn. Wir wüßten keinen deutschen Dichter der letzten Jahrhunderte zu nennen, das zwanzigste miteingeschlossen, der nicht auch gute Prosa geschrieben hätte, wenn nicht veröffentlichte, so doch in Briefen. Daß ihm das Rhythmisieren und Reimen auch innerhalb von Briefen Spaß macht, wissen wir, und ganz sicher haben die Adressaten den Spaß mit ihm geteilt.

Verehrte Festversammlung, es ist heute nicht möglich und auch nicht notwendig, Rückerts Lebensschicksale weiter oder genauer zu verfolgen: die endlich erreichte Berufung auf den Lehrstuhl in Erlangen und die sechzehn Jahre dort, zuletzt im eigenen Hause, die wachsende Schar der Kinder, drei noch in Coburg geboren, sechs in Erlangen, der Tod der jüngsten Luise und Ernst zu Beginn des Jahres 34; die postum veröffentlichten „Kindertotenlieder". Von ihnen meint unser Gewährsmann, der stolze Rudolf Borchardt, sie seien nur schreckliche Menschenlaute aber keine Dichtungen. Das ist ungerecht. Sie sind unendlich wahr und ergreifend in ihrem Schmerz, wenigstens eines unter vielen ist hohe Dichtkunst.

> Du bist mein Schatten bei Tage
> Und in der Nacht mein Licht,
> Du lebst in meiner Klage,
> Und stirbst im Herzen nicht.

Insgesamt lassen die „Kindertotenlieder" die Zartheit, die Verwundbarkeit von Rückerts Gemüt erleben, und so den guten Geist des Hauses, der hier so schwer erschüttert wurde. Gustav Mahlers Vertonung, ihre Geschichte ist diese. Mahler komponierte erst drei von ihnen, nach einer langen Pause die beiden letzten. Aber dann starb sein ältestes Töchterchen denselben schweren Tod, den Luischen und Ernst gestorben waren. Danach, so erzählt Frau Alma Mahler, konnte er sich nicht mehr überwinden, die Kindertotenlieder einzustudieren oder zu dirigieren.

Rückerts Seele war weicher, anrührbarer von Freude wie von Kummer, als das etwas martialische Wortportrait seines schwedischen Freundes, welches eingangs zitiert wurde, uns glauben läßt. Zeichnungen, Gemälde, sogar ein Daguerrotyp aus dem Jahre 1840 zeigen es zur Genüge. Einmal ist's ein schöner deutscher Gelehrtenkopf aus der Mitte des vorigen Jahrhunderts. Dann wieder hat der Ausdruck etwas in der Ferne blickendes, mildes, ja ganz leicht noch kindliches.

Die Übersiedlung nach Berlin, im Jahre 42, verfolgte rein wirtschaftliche Zwecke. Der preußische Staat konnte für ein einziges Semester im Jahr bedeutend mehr bezahlen als der bayerische für zwei und obendrein eine Alterspension garantieren. Glücklich konnte der Dichter sich aber in der großen Stadt keineswegs fühlen. Den Geheimrat Rückert, so hieß er nun – in einen Frack gezwängt, in engen Stiefeln und mit rundem Hut, zu irgendeinem öden Empfang wandern zu sehen, ist keine gute Vorstellung. Im ersten Jahr zeigte er noch ein wenig positiven Willen, hielt zusammen mit seiner Frau an einem Tag der Woche „offenes Haus", wie solches in Berlin üblich war; danach gab er es auf, und lebte als Junggeselle, mit einem seiner Söhne oder irgend einem guten Bekannten. Daß er über die steifen und unergiebigen Sitten der Gesellschaft Spottgedichte verfaßte, die in die Öffentlichkeit drangen, konnte die Situation nicht verbessern. Der Form nach blieb er in Berlin sechs Jahre, 1842–48, so daß er im März noch den Anfang der später berühmt gewordenen Straßenkämpfe erleben mußte. Zählen wir aber die Monate zusammen, so waren es insgesamt nicht mehr als zwanzig, nur für das kurze Wintersemester hatte er sich verpflichtet, und auch dies ließ er wegen schlechter Gesundheit einmal ausfallen. Solche großmütige Behandlung hatte er einem bedeutenden Gönner zu verdanken, Alexander von Humboldt, des Königs gewichtigster Berater in kulturellen Fragen. Humboldt war auch der wahre Gründer der sogenannten Civilklasse des Ordens pour le Mérite. Nachdem die Wahl der ersten dreißig Deutschen und dreißig Nicht-Deutschen geschehen war, erfolgte die Ernennung wie in einer Akademie durch Cooption, wobei man jemanden, der dem Hof nicht genehm war, wohl kaum wählen würde. Nun galt im höfischen Berlin der Schriftsteller oder Dichter, jemand, der nur von seiner Feder lebte, als unsicherer Mitbürger; so ist bis zum Ende der Monarchie kein Autor Mitglied des Ordens geworden, wie sehr zum Beispiel Theodor Fontane sich danach sehnte. Rückert, zu den ersten dreißig gehörend, war die Ausnahme. Warum? Ein Dichter war er wohl, und ein sehr berühmter jetzt, aber ein wohlbestallter Professor auch. Da ging es. Ein zweiter Dichter hätte Ludwig Uhland sein sollen, Professor auch er. Der stolze Demokrat lehnte ab, worüber Rückert sich lustig machte: Uhland buhlte wieder einmal um Volksgunst. Er selber wurde während des letzten Viertels seines Erdendaseins mit Ehrungen geradezu überschwemmt: Ordenssterne, die Aufnahme in das Frankfurter „Hochstift", mit der Folge, daß seine Büste eines Tages neben jenen von Schiller, Goethe und – Uhland im Frankfurter Goethehaus stehen würde, und Ehrenbürger-Urkunden. Jedesmal dankte er, wie es sich gebührte. Wir wissen aber, sehr genau, daß er sich heimlich rein gar nichts daraus machte. Er kannte seinen Rang, und der genügte ihm.

Das Glück seines Lebens war und blieb das Gut Neuses bei Coburg, das seinen Schwiegereltern gehörte und das er nach deren Tod erwarb. Es war und ist noch heute ein ernsthaftes Landgut; der neue Besitzer erweiterte es noch, damit es sich trüge und zur Not eine Familie ernähren könnte. Das Haus, in dem er lebte, ist noch zu sehen und bewohnt, von der gleichen Familie, mit so manchem Bild, so manchem Möbelstück, die schon zur Lebenszeit des ersten Friedrich Rückert sich dort befunden hatten. Schon während der Berliner Epoche hatte er zwei Drittel des Jahres dort verbracht, die letzten achtzehn Jahre ohne Unterbrechung, davon zehn als Witwer. Einsam, wenigstens von außen gesehen, war er nie; seine Söhne, die es alle zu etwas Tüchtigem brachten, besuchten ihn oft, und seine unverheiratete Tochter Maria lebte bei ihm. Und lebte dort weiter ohne ihn, bis zum Jahre 1920, Tochter eines Vaters, der im Jahre 1788 das Licht der Welt erblickt hatte: zwei Generationen und drei Jahrhunderte. Alte Leute im Orte Neuses können sich noch heute an Maria Rückert erinnern, sie scheint eine etwas schwierige Persönlichkeit gewesen zu sein.

Nur von einem Werk, vielleicht dem imposantesten, muß noch die Rede sein: dem Lehrgedicht, überschrieben „Die Weisheit des Brahmanen", in zwanzig Büchern und insgesamt 2826 Gedichten oder Sprüchen in gereimten Zweizeilern; deren konnte das einzelne Gedicht ganze drei haben oder auch zwanzig. Also kein Roman, den man in ein paar Abenden lesen mag. Wohl aber könnte man sich vornehmen, jeden Abend des Jahres ein paar der kurzen Gedichte zu lesen oder ein langes. Das Werk wurde zu Ende der Dreißiger Jahre in etwa drei Jahren geschaffen, trotz allen dessen, was der Dichter in dieser Zeit freiwillig oder unfreiwillig zu tun hatte. Er legte alles seit seiner frühen Jugend Gedachtes und Erfahrenes hinein. Zur Erfahrung gehört auch alles Gelesene, alles durch Verdeutschung assimilierte; brahmanische, buddhistische, islamische Weisheiten, altgriechische Philosophie, deutsche Mystiker wie Meister Eckart und Angelus Silesius. Auch las er Neues zu diesem Zweck, zum Beispiel astronomische Werke. So meint der „Brahmane", der er selber ist, es könnte in anderen Fixstern-Systemen wohl auch Planeten geben, bewohnt von Wesen wie der Mensch, vielleicht ihm an Wissen und Weisheit weit voraus, da könnte es einmal zu Begegnungen kommen wie auf unserer Erde zwischen zwei einander noch unbekannten Völkern. Oder er schlägt vor, da bei Gott alles möglich sei, so könnte die Zeit recht wohl einen Anfang gehabt haben und auch einmal wieder enden. Es sind Ideen, wie sie heute in wissenschaftlichem Gewande vorgetragen werden, etwa von dem Professor Sagan. Auch Psychologie bietet der Brahmane in Menge; teils fromme und menschenfreundliche, teils auch skeptische im Stil etwa der französischen Moralisten des 17. Jahrhunderts. Es klingt wie eine Rechtfertigung des Ganzen, wenn es schon anfangs des Ersten Buches heißt:

Das Eigenste wird nie ganz frei vom Angenommen,
Doch übt die Eigenheit ihr Recht am Überkommenen.

Ein bejahendes und in seiner Moral überzeugendes Gedicht lautet:

Gib acht, was suchst du denn mit deiner Arbeit Streben?
Es soll Befriedigung dir deiner Wünsche geben.

Was ist dein erster Wunsch? wohl Gut und Eigentum?
Und was dein anderer? Vielleicht auch Ehr' und Ruhm?

Wann aber hat ein Mensch an Gut und Ruhm genug?
In Beiden also suchst Du nicht Befriedigung.

Du suchst vielleicht dir selber zu genügen,
Ein Werk nach deinem Sinn und deiner Kunst zu fügen!

> Wann aber thatest du dir jemals selbst genug?
> Auch die Befriedigung des Wunsches ist ein Trug.
>
> Und keine andre bleibt, als deine Lieb' und Stärke
> Zu weihen treu, dem dir von Gott vertrauten Werke.
>
> Thust du soviel du kannst, so thust du ihm genug,
> Und dies Gefühl allein genügt dir ohne Trug.
> Dann kommen wohl von selbst die Güter auch und Ehren;
> Und wenn sie bleiben aus, so kannst du sie entbehren.

Auch hier ist die eigene Erfahrung recht wohl mit im Spiel. Dagegen ein pessimistisches, gleichfalls im Zweiten Buch:

> Durch den allein ich mit der Welt zusammenhänge,
> Seitdem ich nebenaus mich stelle im Getränge.
>
> Du bringst, o Freund, die Welt mir her von Zeit zu Zeit.
> Ich merkte sonst sie nicht in meiner Einsamkeit.
>
> Du bringest von der Welt die Kunden mit getreulich,
> Doch weniges dem Sinn, nichts dem Gemüt erfreulich.
>
> Nichts hör' ich von der Welt, was mich verlocken kann,
> Neu auf das Meer zu gehen, da ich zum Port entrann.
>
> Ich sehe trüb, und muß mir leider es gestehn:
> Das Alter ist es nicht, was mich macht trübe sehn.
>
> Ein unzufriedenes Geschlecht mit Zorngebärden
> Will ändern seine Welt und selbst nicht anders werden.

Weiter in diesem Sinn. Aber Ihr Redner muß Sie um Verzeihung bitten. Wer von diesem Riesenwerk voller Geist, Wissen und Können und von leicht verschleierter reifer Frömmigkeit auch, einen Begriff erhalten will, der vertiefe sich darein. Es gibt Auswahlen, eine machte Rückert selber noch, und die sind ungleich besser als nichts, zumal sie zu mehr verlocken. Nun wissen wir auch, wenn wir es nicht schon vorher wußten, warum Rückert für so viele gute, schöne, gewichtige Dinge Zeit hatte, nur nicht für die deutschen Poeten unter seinen Generationsgenossen, wenn wir von der kurzfristigen Freundschaft mit Platen absehen; seine Arbeit- und Schöpferkraft war enorm, aber Grenzen mußten auch ihr gesetzt sein.

Hier wird eine zweite Einschaltung notwendig: Rückerts Bicentarium hat uns neue Dinge gebracht, einen Band bis dahin unveröffentlichter Gedichte aus des Poeten Spätzeit, von Richard Dove herausgegeben, durch allerlei sinnvolle Überschriften angeordnet und mit kundigen Erklärungen versehen. Um es gleich zu sagen: Die Interpretation des Herausgebers geht mir etwas zu weit, wie es der Brauch von Entdecker ist. Er zählt Rückert zu den elegischen, den sentimentalen, den innerlich zerrissenen Dichtern; seine Poesie, insoweit sie Leben und Welt bejaht, sei eine Art von Autotherapie. Nun, daß er ein Hypochonder war, wußten wir lange. Aber jeder Fall liegt anders. Heine und Platen, welche Herr Dove, zusammen mit Grillparzer, mit Lenau, zum Vergleich heranzieht, haben keine Familie gegründet; Rückert eine zahlreiche, kerngesunde und lebenstüchtige, und er war notorisch stolz darauf. Heine hat seine innere Zerrissenheit dichterisch ausgemünzt, er hat mit ihr kokettiert, Rückert nie. Dafür blieb ihm erspart, was Heine während der letzten acht Jahre seines Lebens durchstehen mußte: jene immer leidensreichere Krankheit in seiner Pariser „Matratzengruft". Während dieser fürchterlichen Prüfung schrieb er seine schönsten, ernstesten Gedichte, endend mit jenem „An der Mouche", in welchem sich wahrhaftig unsterbliche Verse finden. Lenau starb in geistiger Umnachtung; Heine nicht, Rückert nicht, auch nicht Mörike, dessen Poetentum im Alter eines sanften Todes starb. Kurzum, Ihr Redner glaubt nicht, daß ein wahrer Dichter irgendwie „einzuordnen" sei oder daß solche Einordnung mehr über ihn sagt, als wir auch ohne sie über ihn wissen konnten. Trotzdem bleibt jene neue Veröffentlichung ein unerwartetes, bedeutungsreiches Geschenk. Die Gedichte sind zum Teil bloße Hexameter, zum anderen Teil Distichen, also einen Hexameter und

Pentameter umfassend, manchmal etwas unsichere. Dazwischen, selten, gibt es die gereimten Verse der alten Art.

Die Frage, ob Rückert an eine postume Veröffentlichung dachte, muß offen bleiben. Vernichtet hat er sie keinesfalls.

Über das Alter. Rückert litt darunter und machte keinen Hehl daraus. Es muß ja sein, wenn man nicht das Glück hat, rechtzeitig zu sterben, aber die Freunde werden immer geringer, Schwächen, Kummer, Langweile immer bedrückender.

> Wenn du mich fragst: „wo fehlt's? Was ist o Freund diese Krankheit?"
> Was mir fehlt, ist die Jugend, und was mich kränkt, ist das Alter;
> Unheilbar ist diese Krankheit und ohn' Abhülfe der Fehler.

> Immer langsamer rinnt das Blut in den Adern des Greises;
> Doch o Wunder, es läuft in dem gealterten Werk
> Immer geschwinder die Uhr, und kürzer ist heute der Tag mir,
> Als die Stunde mir einst war, in der Schule zumal....

Alter entfremdet und macht pessimistisch:

> Wenn ich lese die Greuel, an Christen verübt in Damaskus,
> Moslems, schelt ich euch um euren Glauben deswegen?
> Ihr seid Menschen wie wir; ich schelte das Menschengeschlecht nur,
> Das sein höchstes, den Glauben, erniedrigt unter die Tiere;
> Menschengeschlecht, ein schlechtes Gewächs, wie Voltar es nannte.

Unter „Voltar" dürfte Voltaire zu verstehen sein.

Die neuen Verkehrsmittel, die neue angewandte Wissenschaft sind dem aus dem 18. Jahrhundert Stammenden widerwärtig:

> Was die Chemie für Segen stiftet?
> Durch sie werden die Weine vergiftet,
> Daran den Tod sich trinken Prasser;

> Durch sie sterben die Fisch' im Wasser
> Unter der ätzenden Bleichanstalt.
> Und Rauch, der Öfen und Schlöten entwallt,
> Tötet den Vogel in der Luft
> Und den Pflanzenwuchs in der Felsenschlucht.
> Ja, wir empfinden es immer mehr:
> Vom Menschengeist bezwungener
> Naturgeister heimlich Rach' ist schwer

Dann auch:

> Die Welt wird je älter und kälter,
> Immer mehr gehen die Wälder aus,
> Und der Urzeit Kohlenbehälter
> Gehen auf in der Neuzeit Maschinenbraus.

Aber der Alte, der in den dreißiger Jahren sich um den Weltlauf nicht mehr zu kümmern glaubte – er brauchte jemanden, der ab und an ihm berichtete – eben der ist in den fünfziger, den frühen sechziger Jahren ein aufmerksamer Beobachter deutscher und europäischer Politik. Napoleon III. amüsiert, ja fasziniert ihn etwas; die Tatsache zum Beispiel, daß die Königin Victoria nicht verschmäht, ihn zu besuchen und daß Kaiserin Eugénie ihm einen Sohn beschert, der vielleicht ein Friedensfürst sein wird. Mag aber auch sein, daß weder sein Vater noch der Sohn auf dem Throne sterben werden. Den deutschen Fürsten rät er, sich einer preußischen Hegemonie zu fügen, zur rechten Zeit, um Schlimmerem zu entgehen; womit vermutlich eine radikale gesamtdeutsche Republik gemeint ist. Bismarck, den neuen preußischen Regierungschef, der mit seiner „Lückentheorie" die Verfassung bricht und sich über den protestierenden Landtag lustig macht, mag der Dichter zunächst gar nicht.

> In Frankreich lerntest du die Presse knebeln,
> Und überbeutst den an der Seine noch,
> Zu herrschen denkst du, wie er herrscht mit Säbeln,
> Hoffst du nachzustümpern ihn sein Musterjoch,

> Vergißest nur, daß mit noch anderen Hebeln
> Er operiert, die dir versagen doch:
> Sein Zauberkessel mag die Welt benebeln,
> Du braust ihr schnöden Ekel, Sudelkoch! ...

Das wird sich 1864 – Schleswig-Holstein – gründlich ändern. Italien bewundert er, Garibaldi ist sein Mann. Und treffend sieht er Louis Napoleons italienische Politik: die Österreicher aus Norditalien zu vertreiben und etwas wie einen Bund italienischer Staaten zu gründen, nicht aber einen gesamtitalienischen Nationalstaat, dies schon im Hinblick auf seine eigenen katholischen Untertanen nicht. Darüber die Verse:

> Was ist ärztliche Kunst? Nicht sterben zu lassen die Kranken,
> Aber ihn auch nicht ganz werden zu lassen gesund,
> Sondern geschickt in der Schwebe von Tod und Leben ihn zu halten,
> Wie nun Italien hält napoleonisch Kunst.

Bekanntlich hielt sie sich nicht lange. Dem, was man nun die „soziale Frage" nennt, steht er nicht wie ein Gelehrter, wohl aber wie ein grübelnder Poet gegenüber:

> Der Landmann hat mit seines Leibes Qual
> Den starren Boden schwerer zu bezwingen,
> Als der Geschäftsmann, der sein Capital,
> Allein die Arbeit läßt für sich vollbringen.
> Wer wählte nicht das leichtre, blieb' ihm die Wahl?
> Doch immer ist verdammt die größere Zahl
> Den kleineren zum Opfer sich zu bringen ...

Die deutschen Dichter vor ihm und jene zu seiner Zeit, wo sein Platz unter Ihnen zu finden sei – diese Frage fing früh an, ihn zu beschäftigen; auch im Alter tut sie es noch. Daß er von Clemens Brentano nichts hielt, wußten wir schon; aber die folgende Strophe geht doch gar zu weit:

> Ein schlechter Dichter, gute Verse machend,
> Ist immer besser als der beste Dichter,
> Der, wie Brentano, keinen Vers kann machen.

Die Verse von „Der Spinnerin Lied" – das wären keine? Sie sind so gut wie die besten des deutschen Dichters Rückert – von Ghaselen ist hier nicht die Rede. Von dieser Entgleisung abgesehen, treffen seine Bemerkungen meist ins Schwarze.

> Nicht die Spur von gelebter Erotik fand ich bei Schiller,
> Und so bei Uhland auch fand ich nur eben die Spur.
> Einzig steht auf sonniger Höh der erotische Goethe,
> Doch im sumpfigen Tal stehst du ihm Heine zunächst.

Zu Heine ist sein Verhältnis nur ein überwiegend Positives:

> Wen ich zunächst an Goethe den Lyriker wage zu stellen?
> Hölthy zur einen und halb Heine zu anderen Hand.

Auch:

> Wie Schiller viele seiner Trauerspiele,
> So habt ihr eurer Lieder viele
> Um vieles viel zu lang gemacht.
> Auf' Goethe habt, auf Heine habet acht!
> Wie schnell gelangen die zum Ziele!
> Was auch Goethe mißlungen, die Frauen gelangen ihm immer;
> Stets mißlangen sie dir, Schiller, was auch dir gelang.

Dann finden wir zwei Zusammenfassungen. Die erste:

> Tiecks Waldeinsamkeit und Liebesfrühling von Rückert,
> Weltgericht der Geschichte hat unsere Sprache von Schiller,
> Und von Goethe gewonnen des Daseyns süße Gewohnheit.

Die zweite:

> Platen ist der frostigste
> Aller deutschen Dichter,
> Selbst vielleicht der rostigste
> Gelt' ich manchem Richter,
> Goethe bleibt der mostigste
> Mir von dem Gelichter.

Das klingt lustig; was jedoch für die Stimmung dieser späten Gedichte insgesamt nicht viel besagt. Müßte man sie mit einem Wort charakterisieren, so könnte man wohl nichts anderes sagen als: düster. Noch nimmt er teil an den Ereignissen der Welt, vielleicht, weil er nun so sehr viel freie Zeit hat. Wohl arbeitet er noch, aber, wie er sich eingesteht, um der Tätigkeit selber, nicht um der Resultate willen. Die Frage nach dem Sinn dieser Welt, dieses Lebens, bedrückt ihn je später desto stärker. Anno 45 hat er den ersten Band von Schopenhauers „Welt als Wille und Vorstellung" gelesen, tief beeindruckt davon. In seiner Lebensführung war er ein Christ: die Treue zu seiner Frau, solange sie lebte, die Treue zu seinen Kindern. Er ging sonntags zur Kirche, im Dörflein Neuses, eine praktische Notwendigkeit, eine Konvention. Von der Unruhe seiner Seele konnte sie ihn nicht befreien. In der Jugend hatte er Calderons „Das Leben ein Traum" ins Deutsche übertragen; im Alter kam er auf Segismundos herrlichen Monolog zurück, dessen Ende in moderner Sprache variierend:

> Es ist historisch, ist notorisch:
> Die Welt ist provisorisch,
> Und provisorisch sind wir auch,
> O Welt, o Wind und Rauch!

Anders in Reimen ausgedrückt:

> Eine Täuschung sendet
> Dich der anderen zu,
> Wie der Ball sich wendet
> Ohne Rast und Ruh.
>
> Schwebend aufgehangen
> Zwischen Lust und Pein,
> Diesem Netz entgangen,
> Fängt dich jenes ein.
>
> O wie oft gelogen
> Hat die Hoffnung dir,
> Und wie oft betrogen
> Wirst du noch von ihr.
>
> Täuschung war die Liebe,
> Täuschung war der Ruhm,
> Täuschung, Raub der Diebe
> War dein Eigentum.
>
> Und zuletzt ergeben
> Wird es sich dir klar
> Daß dein ganzes Leben
> Eine Täuschung war.

Den Tod fürchtet er nicht, es gibt Momente, in der späteren Zeit sich mehrend, in denen er sich nach ihm sehnt. Wohl liebt er jene waldige Anhöhe, den Goldberg, auf dem er sich ein Gartenhaus hat errichten lassen.

> Auf meinem Goldberg fand mich mancher Abend,
> Den langen Sommertag und Fried und Ruh begrabend.

So viel über dies Buch, diese Neuentdeckung; weil sie nun einmal da ist, durfte ein Verehrer Rückerts sie nicht übergehen.

Zum Abschluß zwei Gedichte Rückerts, die Ihren Redner seit vielen Jahrzehnten freundlich begleiteten, ursprünglich fand er sie in Anthologien.

Die Wolke

An der Birke Stamm gelehnt,
Sah ich ihn sich biegen,
Und die Wolke weißgedehnt
Über ihm sich wiegen;
Hin mit ihr zu fliegen
Hab ich mich emporgesehnt.

Lieblich steuerst du dein Boot,
Wolke, Götterbote,
Angehaucht vom Morgenrot,
Und vom Abendrote;
Stände zu Gebote
Mir dein Zaubermachtgebot.

Dich verwandelnd wie im Traum,
Füllest du die Leere
Mit Gestalt, den Himmelsraum
Bald mit Schlacht und Heere,
Bald im blauen Meere
Ragst du Fels, und stirbst du Schaum.

Was die Seele wünschen mag.
Zeigest du im Bilde,
Vor der Sonn am heißen Tag
Dienest du zum Schilde,
Und von deiner Milde
Bettelt Tau der Frühlingshaag.

Das Lied

Jüngst sah ich einen Hirten
Im stillen Wiesental,
Wo klare Bächlein irrten
Und blies als wie im Traume
Ein Lied auf einem Blättlein schmal.

Das Lied, es mochte steigen
Nur wenig Tön hinauf,
Dann mußt es hin sich neigen,
Und nahm denselben Lauf,
Es freut ihn immer wieder,
Gern hätt ich meine Lieder
Geboten all dafür zum Kauf.

Er blies sein Lied, und ließ es,
Und sah sich um im Hag,
Hub wieder an und blies es,
Ich schaute wie er lag:
Er sah bei seinem Blasen
Die stillen Lämmlein grasen,
Und langsam fliehn den Sommertag.

Das Lied des Hirtenjungen entspricht genau dem Thema in der ersten Kreisleriana von Schumann: vom Grundton fünf Töne hinauf und drei wieder hinunter zum Grundton. Nichts könnte einfacher sein, nichts bezaubernder, und einer mußte es erfinden.

Goethe glaubte an „Weltliteratur". Rückert, der Patriot, glaubte an Weltversöhnung dank Kenntnis fremder, in der Nähe oder in äußerster Ferne lebender Völker, ihrer Sprachen, ihrer tiefsten Vergangenheit, ihrer Mythologien und Religionen, ihrer Dichtungen zumal, die nachzudichten er nicht müde wurde, so daß sie ihre Rhythmen, ihren Sinn bewahrten, jedoch dem deutschen Leser ihm vertraute, wohllautende Klänge boten. Daß er mit dem gleichen Gewicht auch bis zuletzt ein freier Poet blieb, der den ewigen Vorrat deutscher Poesie um ein Bedeutendes vermehrte, macht ihn in unserem Sprachraum zu einer durchaus einmaligen Figur.